白頭(백두)와 天池(천지)

예당 지영호 저

㈜이화문화출판사

목차

白頭와 天池 ················4
추억을 되살린 기록 ··········6
독도의 제원 ···············8
개보다 못한 인간 ··········10
五 金 敵 ················12
것과 속 ·················13
境地란? ·················14
觀復(관복) ···············15
鑛夫(광부) ···············16
광부와 어부 ··············19
나는 정치인이 싫다 ········20
낙엽 ···················22
난세와 간신 ··············24
道란 무엇인가? ···········26
매미의 유서 ··············27
反逆(반역) ···············28
보리타작 ················30
미완성 ·················32

山	33
산림을 청춘으로 돌린 석탄	34
실패는 실패가 아니다	36
아버지 기일	38
여 행	40
역사의 限	41
이게 나라냐	42
이렇게 식어간다	44
人間과 壽石	46
왜 이럴까	48
인생의 끝자락이 여명처럼	49
慾生則死 慾死則生	50
철없던 시절이 그리운 나이	52
충성과 배신의 역사	54
治世와 亂世(치세와 난세)	56
鄕愁(향수)	58
形而下學的 삶	60
초승달에 걸터앉아	62

白頭와 天池

광개토왕이 백두에 올라서서
한 줌의 하늘을 떼어 채운 곳이
천지가 되었더냐.

천지는 하나인데
마주 보고 있는 백두와 장백산
어찌하여 둘로 나뉘 었느냐.

2개 사단의 조선족을 징집하여
6.25 한국전쟁에 인해전술용
중공군이 동족이라는 사실을
우리는 잊어버리고 있는지 모른다.

일송정 푸른 솔과
흘러 흘러가는 해란 강에
선구자는 유유히 흐르고 있으며

조선족이 지키고 있는

만주 벌판이 끝없이 푸르구나.

아! 만주 벌판아 잘 있어라.

※장백의 좌표 (42°41′. 128°01′)
　서울의 좌표 (37°25′. 126°59′)

추억을 되살린 기록

1. 일본에서 1986년 G-7 선진국 정상회의 개최 당시 차관급 회의주제로 희유금속(Rare Metal)이 주요과제로 채택되어 회의결과문서를 외무부에서 전달받아 동력자원부 장관께 보고하여 한국 최초로 희유금속(Rare Metal)자원이 탄생하게 되었다.(36개 광종으로 정립)

2. 1992년 영월동강이 수해로 철도가 끊어져 수도권에 5만5톤의 무연탄이 부족하여 동절기 수도권 연탄 파동이 우려되자 청와대 명을 받아 석항 석탄 비축장에 파견하여 하루 화차 15량을 32량으로 증차하여 동절기 연탄 파동을 예방하였다.

3. 1996년 1월 (사)한국장애인역도연맹을 설립하여 장애인 체육발전에 현재 기여하고 있다.

4. 1996년 국회상공분과위원장 박우병의원님께 독도가 광업법에 지적고시가 누락되어 독도를 광업법에 지적고시하여 한국영토로 확보하자는 내용과 희유금속(Rare Metal) 광종을 광업법에

추가하여 우주 첨단산업발전에 기여할 수 있도록 고시 개정의견을 제시하였다.

5. 2002년 11월 22일 독도가 광업법에 의한 한국령으로 독도 지적고시 완료

6. 2002년 11월 22일 광업법에 희토류가 광종명이 추가되어 고시 완료

7. 2021년 7월 독도지적 제76호에 희토류광을 출원하고 광상설명서를 제출하여 정부로부터 공익불허가 처분을 받고 해당 문서를 독도박물관에 기증한 한국 최초의 정부 발행 문서가 되었다.

8. 한국본토에서 바다 국경까지 광업법에 지적고시가 누락되어 대통령국민청원과 감사원 감사요청(2회) 등을 요청하였으나 무산되었다. 그러나 지속적으로 광업법 지적 고시요청을 추진하여 영토확보, 자원확보, 국가안보는 물론 국민 누구나 해양국경에서 자원을 개발할 수 있도록 제도를 확립하여야 하며, 최근 서해바다에서 중국이 인공섬을 만들어 우리 영토와 자원을 뺏고 안보를 위협하는 제2의 독도영토 분쟁의 불씨가 가시화되고 있음에도 누구 하나 관심 밖의 사항으로 가슴이 찢어진다.

독도의 제원

○ 광업지적광업지적 : 독도지적 제76호 86호

○ 천연기념물(제336호)

○ 독도의 나이 : 460만년~250만년

○ 해저 약 2000(m)에서 화산폭발로 생성

○ 지질 : 백악기의 응회암

○ 총89개의 바위섬으로 구성

○ 총면적 : 187.554(m^2)

   − 동도 : 73.297(m^2)

   − 서도 : 88.740(m^2)

   − 부속도서 : 25.677(m^2)

○ 총둘레 : 5.4(Km)

   − 동도 : 2.8(Km)

   − 서도 : 2.6(Km)

○ 높이

   − 동도 : 98.6(m)

   − 서도 : 168.5(m)

○ 울릉도에서 독도까지 거리 : 87.4(Km)

○ 일본 오끼섬에서 독도까지 거리 : 157.54(Km)

○ 육상동물은 없음

○ 자원 : 메탄하이레이트(methane hydrate 약 6억 톤 매장)

○ 국회 상공분과위원장에게 광업 지적 고시요청 (1996년 06월)

○ 광업법에 독도지적 고시 완료 (2002. 11. 22.)

○ 독도지적 제76호 희토류광을 출원하고 광상설명서를 제출 하였으나 공익불허가 처분을 받았음 (2021년 7월) (한국 최초 발행문서로 독도박물관에 기증)

※독도가 일본 땅이라고 한국이 세운 비석을 뽑아 버리는 만행을 범한 적이 있다. (2005년 01월 05일)

개보다 못한 인간

당이 깨지고 나라가 망하든 말든
쥐구멍에 납작 엎드려 숨어 있다가
날이 샐 때쯤 고개를 내미는 여당

나라가 깨지고 망하든 말든
뻔뻔하고 양심이 고갈된 집단
수단 방법 가리지 않고
불법을 자연스럽게 저지르는 야당

아쉽고 필요할 때 몸부림치며
말버릇처럼 불러대는 국민 여러분
그런 놈을 뽑아준 민중들아
이런 집단이 지금도 판을 친다.

삼류 사류라 하는 의원 나리들
국민은 너희들을

개보다 훨씬 못하고
쓰레기보다 더러운 인간들이라
국민은 외치고 있다

네가 달고 다니는 뺏지가
너의 손자 손녀에게도 자랑스러우냐.

하늘이 무섭지도 않느냐.

五金畝

上海 金家

平陽 金家

新安 金家

巨濟 金家

扶餘 金家

것과 속

것 모습은
충청도
전라도
경상도
다 비슷하건만

속마음은
왜 이토록 이방인일까.

언제
만장일치라는 국민통합
아름다운 화합은
언제 올 수 있을까.

境地란?

정심 정력을 다하여

내면에 있는 氣가

無我의 경지에 도달하여

깨닫게 되는 것

觀復(관복)

만물이 움직이고 있는 것이
그 근본인 無로 돌아가는
작용임을 인식하라고 가르친다.

살아 있음이 얼마나 행복 한가
웃을 수 있음이 얼마나 행복 한가
걸을 수 있는 게 얼마나 행복 인가
맛볼 수 있다는 게 얼마나 행복 한가
아픔을 느끼는 것이 얼마나 행복 한가

이러한 움직임이 멈추면
無로 돌아가는 마지막 길목인데….

觀復의 깨달음이
진정 행복인 것인가

鑛夫(광부)

땅굴 깊은 어둠속에서 석탄을 캐는 광부
화석연료가 세계의 공해문제로 대두된 지금
한국의 석탄 산업은 완전 막을 내리게 됐다

석탄은 무연탄과 유연탄으로 크게 두 종류로
국내 석탄은 무연탄으로 열량이 비교적 낮다

약 30년 동안 한국 석탄생산이 활기찬 성장 기간
주로 가정 구공탄으로 사용되어
일산화탄소로 수많은 인명피해가 발생하고
온 국민이 연탄가스 안 먹어 본 사람이 없다

한국경제가 아주 열악한 60년대
독일로 파견한 광부가 외화를 벌어
국가산업 발전에 기초가 되었다

그러나
국내 탄광 광부는 독일보다 현저히 열악하고
낮은 임금 환경의 악조건 속에서 많은 광부들이
죽거나 부상당한 역사적 쓰라림으로 남아있다.

제삿밥을 등에 지고 땅굴에 들어갔던 광부
하루 일과를 마치고 살아서 땅굴을 나올 때
아침 여명에 비친 새까만 얼굴에 안도의 미소
하얀 이빨이 환하게 보일 때가 가장 행복했다.

지금 탄광촌 역사는 흔적 없이 사라져가고
근대유물로 탈바꿈하고 있다

산업 전사로의 희생한 고귀한 생명은
산림녹화를 이루는 원동력이며

국가산업발전의 초석이 되었다고
난지도는 무언으로 증명하고 있다

지금도 암흑에서 수습하지 못한 희생
천지개벽을 기다리고 있는지 모른다.

탄광에서 희생된 영혼
탄폐와 규폐로 영면하고 있는 영혼
부상의 후유증과 정신장애 등으로
투병 중인 산업 전사는 지금도 투병중이다

생존함에 감사하며
희생한 영혼에 명복을 기원하며
위로의 인사를 드린다.

광부와 어부

죽음을 모르며 죽어가는 직업
광부

죽음을 알면서 죽어가는 직업
어부

나는 정치인이 싫다

좌익 당 우익 당이 어느 당이 좋으냐.
두당 모두가 싫다

한 패거리는 저희들 끼리 모여서
작당해서 없는 거짓말 선동하여
노동자 폭력 조장 전략 당이다

또 한 패거리는 지도자 앞세워 놓고
뒤에서 손가락질하고 음흉한 흉계를
꾸미고 자기편을 탄핵하는 무리다

처음과 끝이 다른 말
정의와 공정을 앞세우며
거짓말을 밥 먹듯이 하는
원조가 태어나지 말아야 했다

책임은 국민에게 있다
허유와 소부의 대화에
네놈들을 초대하고 싶다

더 한심한 일은 국민에게
무례하다고 하는 놈도 있다.
제정신이 아닌 것 같다

낙엽

모진 비바람과
강열한 폭염을
무언으로 순종하며 생존하다가
단풍으로 떨어진 낙엽천사다

천사는 땅으로 내려와
하얀 서리로 머리와 눈썹을 화장하고
길가에 떨어져 또 다른 삶을 기다린다.

지팡이 짚은 하얀 눈썹 할아버지
허리가 굽은 백발의 꼬부랑 할머니
서로를 간신이 의지하며 조심스럽게
말없이 낙엽위로 발걸음을 옮기신다.

낙엽과 서리는 눈보라에 휩쓸려
혹한 속에 겨울을 웅크리다가

새봄을 웃으며 맞이한다.

할아버지 할머니는
지금쯤 어디에 계실까

난세와 간신

근면과 성실을 실천하는
개미와 꿀벌

평화롭게 일만 하다가도
위기가 닥쳐오면
헌신적 희생으로
천적을 제압하는 법칙
자연의 순리가 아니더냐.

치세에는 평화를 표방하고
난세만 되면 날뛰는 간신배
이 나라가 이런 나라 였더냐.

임진왜란에 우리 민족은
왜놈의 총칼에 쓰러져
일본 전역에 이총을 만들 때

영웅을 탄핵하여
죄 없는 죄수로 만든
간신배가 오늘은 없는가.

한 번도 경험하지 못한 치세
난세에 더 설치는 사욕의 간신배
오늘도 이 땅을 휘젓고 있다.

아!
태평성대는 어디쯤 오고 있을까?
하늘도 무심하구나

道란 무엇인가?

모든 事物은 理致가 있고
그 속에 陰陽이 있으며
秩序 안에 順理가 있고
理致 陰陽 順序의 조화는
創造主의 完成作品이다

道란 저 멀리 있지 않고
事物의 理致 陰陽 順理 속에
完成을 위한 조건에 포함된
숙제로 던져준 창조주의 膳物이다

道는 創造가 아니라
끝없는 努力으로 반복하는
깨달음의 産物이다

매미의 유서

17년의 세월을
유충의 모양으로 잉태되어

우화의 진통으로 매미로 출산되어
두 주간의 짧은 일생을 마치는 매미

매년 우리 집 방충망을 찾아와
같은 곡조의 음악을 연주하는 매미

유전의 법칙인가
유서의 효력인가

때를 노치지 않고
약속 없는 약속을 지키는 매미

인간 순리에는
유전과 유서는 어디에 있나

反逆(반역)

이적행위

임금에 대한 공갈 협박

국가의 기강을 흔들거나

정파의 유익을 위한 여론조작

국정조사를 명분으로

탄핵을 유도하는 행위 등은

반역행위에 해당한다.

의회민주주의는 다수의 의견을 존중하고

소수의 의견이 무시당하는 단점이 있다

올바른 다수의 의견을 존중하되

국익에 필요한 소수의 의견이

또 한 존중되어야 마땅하다

5.18 광주사태를 헌법에 명시하자는 의견도

정치적 해결이 아니라 역사적 가치가 문제다

유공자 공개가 부끄러운 일인가.
헌법에 명시한다면 후손에게
얼마나 자랑스럽겠나.

헌법적 명시 여부는
국민이 결정할 문제이지
정략적 문제가 아님을 분명히 밝혀둔다.

정치 자체가 타협을 기초로 하는 것이 아니던가.

보리타작

해마다 단오가 될 즈음이면
보리타작 자리개 소리가
유난히 기억에 떠오른다.

절기상으로는 여름의 시작이고
보릿고개가 끝나갈 무렵
도리깨질이 장단을 맞추며
알 보리가 마당에 쌓인다.

적삼에 땀방울이 흠뻑 젖고
잠시 사이를 먹을 때
돌담 사이에 있는 살구나무
타작마당으로 떨어진 살구하나
입가에 군침이 가득 고인다.

보리가 보릿고개를 이겨내고

탐스러운 뒤안길 앵두나무
연지를 짙게 바른 앵두가
크로버 꽃향기를 거닐며
시집갈 때를 기약하나 보다.

미완성

미완성으로 태어나
완성을 위한 미완성으로
미완성으로 마치는 인생

무엇이 그렇게 바쁜지
무엇이 그리 억울한지
무엇이 그리 슬픈지
무엇이 그리 갖고 싶은지
뛰어도 부족한 시간에 살고 있다

완성은 불가능한 미완성 속에
가치 있는 완성은 잊어버리고
덧없는 시간 소리 없이 흘러 간다.

미완성으로 마치는 완성
육신이 분리되는 날인 것을

山

산은
높은 산 낮은 산
수많은 산이 있어도
언제나 다툼이 없다

높다고 오만하지 않으며
낮다고 비굴하지 않다

아무리 급하다 해도
자기 자리에 굳건히 서서
순리와 질서를 지켜 간다.

모든 것을 다 수용하고
목마름에 아낌없이 보답하며
항상 제 자리에 모여 앉아
인간에게 무언으로 설파한다.

산림을 청춘으로 돌린 석탄

젊은 시절을 청춘이라 했던가.
녹음으로 울창했던 원시의 지구

천지개벽으로 육지는 꺼지고 갈라지며
용솟음치는 바다가 산맥을 집어 삼킬 때
바다를 담고 있던 해저가 하늘로 치솟아
히말리아 산맥으로 탄생하게 된다.

이때 왕성했던 초목은 속절없이
땅속으로 기어 들어가 기약할 수 없는
운명적 개명으로 탄화에 들어간다.

인류의 문명은 석탄 활용을 깨우쳤지만
석탄 사용은 지구를 병들게 하는 악순환이다

문명과 경제발전 속도에 따라

석탄 수요는 급격히 쇠락하며
인류는 대체에너지로 한숨 돌리고

장작에서 연탄으로 변화한 에너지는
산림을 다시 청춘으로 되돌렸지만

인간의 문명은 지구의 운명을
다시 탄화로 반복시키는지 모른다.

실패는 실패가 아니다

공자가 나라를 바로 세우려다가
그 뜻을 이루지 못했다 하더라도
실패가 아니다 라고 말씀 하셨습니다.

가치 있는 일이란 ?
당장 효과를 볼 수 없지만
그 인연이 후세에 가서라도
바른길로 재 조명 된다면
가치 있는 일이 아니겠느냐.

우리 영토를 수시로 노리는 이웃나라
독도가 자기네 땅이라 우기는 왜국
동서 남해에 수시로 침범하는 잠수함 미사일
우리나라 국경에서 벌어지는 오늘의 현실이다

전 해상에 광업법에 의한 지적고시를 개정하면

영토 확장 국토수호 자원 확보는 물론
38선과 해양과 하늘의 국경을 확실히 정하고
국경을 지키는 국방의 기초가 된다.

독도가 2002년에 지적고시가 된 사례가 있으며
현재 광업권 행위가 자유롭게 이행되고 있다

위정자 들아 아랫목에 앉아서
변명과 방석 싸움 치워버리고
국민이 바라는 일에 적극추진 하라.

아버지 기일

언제나 근엄하신 아버지
무서운 줄만 알았던 우리 아버지
속마음으로 사랑하시며
남몰래 눈물을 삼키시던 우리 아버지

아버지가 돌아가시던 그날
한없이 빗줄기 뿌리는
무더운 여름날이 기억납니다.

오늘이 아버지 기일인데
덧없는 그리움을 달래며
촛불로 아버지를 기려봅니다

애타게 기다리던 나의 부모님
내가 부모가 되어 기다려 보니
철없던 시절 한없이 눈시울을 적십니다.

영원히 헤어지고 깨닫는 후회

세상이 변했다고 탓할 일이 아니다.

아련한 향내 연기 속에 부모님을 그려봅니다.

여 행

달리는 차 창가에 앉아
스쳐 지나가는 산천을 본다

파란 하늘에 흰 구름 하나
녹음이 짙어가는 산 능선
유유히 휘돌아가는 시냇물

터널을 지날 때마다
새로운 화면이 바뀌며
신비로운 세상이 펼쳐진다.

어디서 왔다가 어디로
가는지도 모르는 인생사

순식간에 지나가는
신기루 같은 여행이
인생에 일부인 가보다.

역사의 限

한강이 내려다보이는
사육신 역사의 限
역적의 신음인가
충신의 눈물인가

애달픈 단종의 역사를 증명하는
청령포에 흐르는 물줄기
역적의 흉터인가
충신의 지문인가

군사 독재 정권으로 몰려 박탈된 정권
임진강에서 북한을 바라보겠다는 한
충성인가
반역인가

애국자가 반역자로 바뀌고
반역자가 애국자로 번복하는
반복의 역사인가

이게 나라냐

세상은 정의와 상식 도덕
그리고 공정이 우선이며
법률은 최후의 수단이다

상식 수준에 정의가
혼란으로 무너지면
인간의 가치가 상실 된다

법을 좋아하는 놈 망한다 했다
양심과 도덕적 가치가 훼손될 때
비로소 법률의 판단에 맡기게 상식이다

대파를 흔드는 자가 지도자의 수준이냐
이 나라의 국정과제가 대파만 있다 더냐.
소인배의 간악함에 손을 들어주는 민심

법 위에 날뛰는 야당 정치인
정권을 잡고도 처벌 못하는 무능
여야를 막론하고 표에만 매진하는
소인배의 집단이 한심하구나.

백년대계를 위한 국가의 정책은
소인배의 저항을 무시해도 좋다

국가를 위한 정의는
소인배의 탄핵 위협에
물러서면 안 된다.

권력 속내에는 역사적으로
간신배의 정통적 특허 물이다

역사의 기록은 항상 바르게 흐른다.

이렇게 식어간다

백발의 노인이 쇠죽을 끓이시고
낡은 질화로를 들고 오서서
엉거주춤 아궁이 앞에 주저앉아
부삽과 곰배로 알불을 담으신다.

무쇠 삼 바리 위에
된장찌개 끓고 나면
깍두기 몇 조각이
노부부의 만찬이다.

백발노인은 능숙한 솜씨로
화롯불 온기를 재로 덮고 나면
하루의 삶을 조용히 마감 된다.

구들장 열기가 식어 가면
새벽닭 우는소리에 잠이 깨고

인두로 질화로를 뒤적여 보지만
질화로의 온기는 밤의 깊이만큼
속절없이 식어가는 새벽이 온다.

언제 식은 재가 될지 모르는
노년의 보잘 것 없는 목숨
식을 줄 알면서 식어 가야하는
질화로 속에 재와 같은 생명이
인간의 순리인 것을!

人間과 壽石

세상에는 산과 바다와 강에
수많은 자갈과 모래가 있지만
명품 수석은 보기 힘들다

수석은 인고의 세월 속에서
풍화작용으로 마모되어
산번추수(删繁秋樹)와 같이
다 털어버리고 비운 것이
명품수석이 아니더냐.

세상에 수많은 인간이 있지만
명품인간을 보기 어렵다

탐욕을 버리지 못하고
할 일을 하지 않고
요행과 술수만 보이는 세상

명품인간은 부지할 곳이 없는 걸까.

맹호와 명석은
누구나 처음 보고도 알아본다고 했다

누구나 처음 보고 알 수 있는
인간명품은 어디에 있을까?

왜 이럴까

한반도는
한 덩어리고
한민족이다

나라가 서로 헐뜯고 갈라질 때
적국의 침공으로 나라를 빼앗기고
조공을 바치고 여자를 바치고
노예의 역사로 살아온 나라의 운명
지금도 왜 이럴까?

근근이 힘 모아 채워놓은 곳간
간신배가 곳간 주인이 되고
반역자가 충신으로 둔갑하는 세상
이게 바로 한반도가 나니 더냐

정의와 질서는 사라지고
양심과 도덕은 말라비틀어지고
사기꾼과 범죄자를 선택하는 나라

인생의 끝자락이 여명처럼

토네이도 같은 모래바람
높이를 알 수 없는 파도
방향을 알수 없는 안개 속 광야에서
폭풍우를 뚫고 살아남은 목숨인데

하직을 예상하고 병마가 엄습하니
죽음이라는 공포가 신기루처럼 보인다.

저기 여명처럼 보이는 신기루
저세상이 오는 것처럼 실감 난다.

저 신기루가 손에 잡히는 듯 했는데
신기루는 다시 멀어지고
내 본연에 모습이 나만 남는다

저 멀리 신기루 속으로 들어가는 날
물거품처럼 흔적도 없이 사라지는 인생.
무엇이 가치 있는 인생일까?

慾生則死 慾死則生

생명은 평등하다
죽음도 평등하다
호랑이는 죽어 가죽을 남긴다.

여행하다가 죽은 목숨이
애국자보다 더한 열사로 둔갑하고
데모하다 희생된 생명이
전사 자 보다 우대 받는 세상
권력다툼의 부산물이 아니더냐.

전화 통화도 맘대로 못하는 통치자
정당한 권력 행사는 통치자의 권한이며
통치자는 공정과 상식을 바탕으로
국민이 공감하는 정책을 펼쳐야 한다.

통치자는 숨어서는 안 된다.

불의와 타협하고 물러서도 안 된다
국민을 위해 목숨을 아껴서도 안 된다
약속과 임무를 위해 생명을 걸고 다해야 한다.

통치자는 법과 원칙에 따라
범법자를 제대로 처리하고
위선 정치 사기 정치를 청산하여
민주의회 정치를 세우라는 국민의 명령이다

이순신 영웅의 명언이 생각난다.
살고자 하면 죽을 것이고
죽고자 하면 살아남을 것이다

철없던 시절이 그리운 나이

동네 지지배덜 머스매덜 섞여서
찐돌이 하고 사방치기 하던 시절이 그립다

누가 예쁘고 미운지도 모르고
그저 이성이면 괜히 부끄러워 진다.

눈 쌓인 겨울이면 소죽 끓인 사랑방에서
지지배 머스매 몇 명씩 모여서
서로 포대기 속으로 발을 넣으려고
발광을 하다 보면
부딪히는 감정이 야릇하다

여름에는 멍석 편 마당에
옥수수 강냉이 서리해서
가마솥에 삶아서 .밤참이다

하루의 끝과 시작이 교차하는 시각은
새벽달이 더욱 빛나고 안개가 걷히는 시간이다.

지금 이빨이 강냉이처럼 빠지고
유모차 밀고 다니는 모습이 상상된다.
그때 지지배덜 머스매덜이 그립다.

충성과 배신의 역사

인류의 역사는
충성과 배신의 역사다

충신과 간신은
인간관계의 괴리다

인류의 역사가 지금까지 흐르는 동안
충성과 배신 충신과 간신이 상충하는
권력 대결의 공존은 필연으로 동행했다.

태평성대는
정의 상식 법률이 공정하게 집행되고
세력의 균형이 유지되며 전쟁이 없을 때
국가와 국민이 바라는 평화와 행복이다

그런데

범죄인이 부당한 권리를 왜곡하고

정치랍시고 법률을 유린하며

국민의 행복추구를 표방한 거짓선동으로

우매한 국민을 속이는 위선 정치가 판치는

이 세상이 한탄스럽고 분노의 피를 토하게 한다.

성군과 충신이 되려면

국민을 위하여 목숨을 걸어라

정의가 너를 구할 것이다.

충성과 배신 충신과 간신의 대결은

저울추 같아 일시적으로 치우치지만

음과 양 같아 영원히 존재한다.

저울추의 균형은 언제 유지될까

治世와 亂世(치세와 난세)

治世는 길어야하고
亂世는 짧을수록 좋다고 했던가.

陰陽은 世上의 이치라서
다툼이 필수적 요소겠지만

도덕과 양심 가치의 본질적 다툼은
태평성대를 바라는 치세가 아니더냐.

정의 양심 가치가 없는 다툼은
국민을 혼란과 고통으로 내모는
난세로 가는 지름길이 보인다.

난세를 수없이 경험한 한반도 역사
쉬고 있는 삼팔선 낡은 철조망아
휴전은 내전의 잠시 휴식이더냐

두 개로 갈라진 반쪽은

또다시 분열하고

義와 仁은 사라 진지 오래됐고

사기꾼과 술수가 판치는 세상

국민은 무었을 바라는지 아느냐.

아! 민족의 태평성대는 언제 오나

鄕愁(향수)

월악산자락이 구름을 토하고
시리미 골짜기가 안개를 품고
파란 물줄기 앞마당을 휘돌아 나간다

늙은 느티나무와 노송이 어우러진
계족산 줄기를 시작하는 뒷동산
동과 서의 한복판이 나의 고향이다

봄을 재촉하는 봄비
생육을 독촉하는 소나기
추수를 서두르는 첫서리
창호지를 두드리는 싸락눈
사계절이 녹아있는 고향이다

별 속에 덧칠된 은하수
수시로 변하는 월계수

초하루 보름이 달력이다.

계절마다 연주하는 여울 소리
조석에 따라 다른 울음소리
고요
사랑
낭만
꿈이 가득한 그곳
나의 육신과 영혼의 본향이다

담수로 사라진 그리움
깊은 물속에 잠들어 있는 향수다.

形而下學的 삶

이 세상에 눈뜨고 못 볼일이
어디 하나 둘이 더냐

同鄕이 그리 중요하더냐.
姓氏가 그리 중요하더냐.
同文이 그리 중요하더냐.
政堂이 그리 중요하더냐.

국가의 장래와 후대를 위한
안목의 선택은 매몰되고
쓴 약이 아니라 사탕을 바라는
소인배의 욕심과 탐욕의 정치가
국회 안에서 야합과 동행하며
愚民을 이간질한 결과가 아니더냐.

아!

안타깝도다.

눈을 감기 전에 形而上學的 세상을
볼 수 있는 것일까?

초승달에 걸터앉아

초승달에 걸터앉아

용을 잡아서 국을 끓이고
봉황을 잡아서 구이를 하고

세월로 불로주를 만들어
공간의 술잔에 술을 따르며

천사가 춤을 추고 노래하는
이런 세상을 기다려 본다

예당 **지영호** 禮堂 池榮浩

- 독도를 한국령으로 지적 고시
- 한국장애인역도연맹 설립자
- 한국 최초 희유금속광 정립
- 한국자원 대표
- 저서 : 백두산과 천지(시집)
  예당지영호 팔순전(도록)

경기도 과천시 별양상가로 7,
벽산상가 512-2호 한국자원
Mobile : 010-3899-8229

2025年 6月 15日 인쇄
2025年 6月 21日 발행

저자 | 지 영 호

발행처　(주)이화문화출판사
발행인　이 홍 연 · 이 선 화
등록번호　제300-2015-92
주소　서울시 종로구 인사동길 12, 대일빌딩 3층 310호
전화　02-732-7091~3 (도서 주문처)
FAX　02-725-5153
홈페이지　www.makebook.net

정가 10,000원

※ 잘못 만들어진 책은 바꾸어 드립니다.
※ 본 책의 내용을 무단으로 복사 또는 복제할 경우, 저작권법의 제재를 받습니다.